杨善洲的故事

中央创先争优活动领导小组办公室　组织编写

党建读物出版社
人民出版社

杨善洲同志是党员干部的学习楷模，是离退休老同志的优秀代表。他一辈子忠于党的事业，一辈子全心全意为群众谋利益。他的模范事迹和崇高精神感人至深。每一个党员干部特别是领导干部都要向他学习，自觉加强党性修养，自觉实践党的宗旨，努力做人民满意的好党员、好干部。

胡锦涛

2011年3月7日

目录 MULU

杨善洲简历

杨善洲，男，汉族，1927年1月4日出生于云南省施甸县姚关镇陡坡村委会大柳水自然村。

1934年至1940年，一边在私塾读书，一边种地供养家里人生活。

1940年至1942年，因为家境贫寒无力继续上学，回家务农。

1943年至1949年，学习石匠手艺并成为当地小有名气的石匠师傅。抗日战争期间，义无反顾地参加滇西抗日战场担架队，运送抗战物资、抬伤员、修桥筑路，直至抗战胜利。

1950年，与旧城松坡寨张玉珍结为夫妻。

1950年3月至1951年5月，在陡坡乡河尾村参加乡农会和武装联防队，任小队长。

1951年5月至1952年4月，在保山县第六区(施甸姚关)摆马乡政府工作。

1952年，加入共青团。9月，在保山县第五区席子乡工作。

1952年11月，加入中国共产党。

1952年11月至1953年3月，在保山县董官乡搞土改复查，任分队长。

1953年至1962年8月，先后任保山县第五区（施甸）区委副书记、书记，保山县委副书记、县委书记处书记。

1962年7月至1966年3月，在施甸县委工作，任首任县委书记。

1966年3月至1977年3月，任中共保山地委副书记。其间，1971年6月当选为云南省委委员。

1977年3月至1986年3月，任中共保山地委书记。

1986年3月至1988年3月，任云南省六届人大常务委员会委员。

1988年3月退休后，回施甸大亮山植树造林，历时22年，建成约5.6万亩的大亮山林场。

2009年4月，将义务领办的大亮山林场经营管理权正式移交给施甸县人民政府。

2010年10月10日逝世。

1 说话算数

时隔六十年之后，施甸县的许多群众依然对当年杨善洲重病赴会不失约的故事津津乐道。

1951年9月，杨善洲被分配到保山县西南乡（现何元乡石头寨村委会）任土改工作小组长，带领大家搞土改。土改是个新事物，要消除大家的顾虑，首先就要让农民群众相信党，相信工作组。

青年时期的杨善洲

杨善洲给自己和工作组的同志们定了一条“规矩”：说话算数，取信于民。一次，他与篱笆寨、甘蔗地村的群众约定开会，可到了出发时间，天却下起了大雨，眼看着雨越下越大，放眼望去，绵延的群山都被雨雾笼罩着。杨善洲几天前感染了疟疾，高烧持续不退。同事们劝他休息，好几位工作组的同志表示愿意代替他去给群众开会。但杨善洲不同意：“我和当地群众已经约好了，不能失信于民！”杨善洲叫同志们扶他起来，穿起草鞋，戴上竹叶帽，肩披蓑衣，手拄拐杖，向篱笆寨、甘蔗地村艰难地走去。

从工作组驻地到两个村子，有六公里山路，平日里山路崎岖，十分难走。下过雨之后，泥土全变成了湿滑的烂泥，走起来就更加艰难了。同事们扶着杨善洲，几乎是一步一滑，一路上杨善洲不知摔了多少跤。到了村里，他已经摔得像一个泥人。村里的群众都以为这样的天气杨善洲肯定是不会来了，看到他如约而至，大家终于相信，共产党人说话算数。

和林业技术人员在一起

2 走百里山路还两毛钱

1952年，杨善洲在保山县第六区（施甸）区委工作，任土改小组长。他在西南乡石头寨住了半年多，吃住都在当地最穷的老安家和老李家。他吃了饭要给伙食费，每顿一毛钱，从来不占老乡的便宜。就在回保山培训的头晚，老安的一片好心却让杨善洲犯了难。

“来，老安，这是这个月的饭钱，一天两毛，三十天就是六块钱。”一边说着，杨善洲一边从衣服口袋里掏出皱巴巴的一堆毛票，用手抚平，递给老安，老安却没有伸手接。

“马桩（杨善洲的小名）组长，你看看你来咱寨都半年了，天天都是天不亮就起床搞土改，天黑了还和干部们开会。我家吃的都是些清白苦菜，你都饿瘦了。今天的饭钱咋也不能收，就当是我们为你饯行。”

“这怎么行，我是党员，不能拿群众一针一线。吃饭不付钱，不是占了你们家便宜吗？”

“兄弟，你好歹也是个干部，留几个钱在身上吧！”老安的话还没说完，杨善洲硬是把那堆毛票塞了过去。

第二天一早，安家一家老小都出门为杨善洲送行。大家依依不舍之时，老安递过来一个纸包说：“这纸包里是两个煮熟的红薯，给你路上吃，你不拿上，我们全家人都不答应。”看着老安眼角泛红，杨善洲颤巍巍地把纸包装进了军用挎包。

路上，杨善洲掏出纸包，却发现红薯下压了两张一毛的钱。他的眼眶瞬间红了，红薯甜不甜，他没有尝出滋味。

回到保山，那两毛钱便像块大石头一样沉甸甸地压在杨善洲心上。他把钱夹在字典里，一直珍藏着。

到保山培训期间开展批评与自我批评时，杨善洲主动汇报了这件事，并作了自我检讨。

写完密密麻麻的两页检查，灯油已经燃尽，天边也已泛出了鱼肚白。刷完牙，杨善洲胡乱洗了把脸，就拿上饭票到食堂买了四个馒头装进口缸，又灌了满满一军用水壶开水，一股脑塞进挎包。他把夹在字典里的两毛钱取出来，和刚写完的检查叠在一起装好。杨善洲犹豫了一会儿，又到隔壁找同事借了五毛钱，到附近供销社买了一包水果糖装进了包里，踏上了去石头寨的百里山路。

安家终于到了！可这时已经是半夜了，村里没有一户人家有灯光。拉了拉军大衣，杨善洲喝下最后几口水，吃完剩下的两个冷馒头，靠在安家门口的草垛上睡着了。

“马桩组长！你咋个会在这儿睡？赶紧进家！”老安的惊呼让杨善洲醒了过来。天亮了，杨善洲的手脚却已冻僵，布鞋上都挂上了霜花。来不及用老安烧来的热水擦脸，杨善洲从包里拿出两毛钱和检查：“对不住你们，这两毛钱，早就应该还回来的。另外，这两张是我写的检查，我念给你听听……”老安哽咽了，颤抖着接过钱和糖，两行热泪夺眶而出。

3 敢于公开作检讨

1952年底，土改复查期间，25岁的杨善洲被调到董官乡任土改工作队分队长。

刚参加工作一年多时间，年轻的杨善洲热情高涨、干劲十足。但也因为经验不足，杨善洲经历了工作中的第一次“出岔子”、第一次挫折。

在划分群众成分时，由于工作方法简单，他带领的工作队把一户中农错划成了地主。当事人不服，立马到土改大队部告状，要求改正。上级派人经过复查，确属错划，要求杨善洲纠正错误并作检讨。

杨善洲当时想不通：干革命还兴反复？干工作还要挨批评？了解他的思想情绪后，组织上派出老工作队员来做他的工作，向他讲清如何认识土改工作的性质、目的，如何把握政策尺度，如何掌握做群众工作的方式方法……几次交心谈心下来，杨善洲慢慢想通了。

在群众大会上，杨善洲主动作了公开检讨，并把没收的财物清点后送回当事人家里。这件事情在当时引起了很大反响。不少群众说：“共产党的干部就是不一样！错了还会自我检讨，错缴了的东西还能送回来。”

4 “大家吃啥我吃啥”

1960年，时任保山县副县长的杨善洲来到姚关区尖山大队。当时正值三年自然灾害时期，粮食大幅度减产，农村严重缺粮，生产队为了节省粮食，将大米、洋芋、南瓜和野菜混在一锅煮成粥，定量称给大家吃。

杨善洲来了，大队支部书记吩咐食堂给他开小灶：煮白米饭，杀只鸡。杨善洲拦住他说道：“现在全县老百姓都在鼓足干劲战胜困难，你给我搞好吃的，我怎么咽得下去？大家吃啥我吃啥，决不能搞特殊化。”

1963年，杨善洲从保山县调任施甸县的首任县委书记。

当时，县委办只有一个食堂，由一位炊事员做饭，每人每顿饭要交两毛钱、半斤粮票。没有桌子，用菜盆装了菜摆在地上，十个八个人围在一起蹲着吃饭。三年自然灾害时期刚过，菜里没有肉，只有一点油花。

据当时任县委副书记的杨嘉宾回忆，杨善洲在担任施甸县委书记期间，一直在机关食堂吃饭，从来不搞特殊化，自己带头上交伙食费，从不拖欠。

有一次，他下乡回来，工作人员多加了一个肉菜，他当时就对大伙说：“我知道你们是为我好，我不该怪你们。但是，现在还有很多老百姓连饭都吃不饱，我们怎么能在这里心安理得地吃肉呀？”

但在当年跟随杨善洲在罗街办油菜试验田工作组的孙中惠的记忆里，却有着一次难忘的吃肉的经历：

一天下午，天已经快黑了，我们拖着疲惫不堪的身子从试验田里往回走。随着离住处的距离越来越近，一阵越来越浓的肉香味直往鼻子里钻，难道今天有肉吃了？我们不由得加快了脚步。

走进住处时，发现做饭的师傅段景华正忙着将盛好的饭菜放在桌子上，肉香味顺着热腾腾的蒸汽飘到空中，一下子就勾出了人们肚子里的馋虫。

“老段，你太厉害了，从哪弄来的火烧肉？”

“我都记不清上次吃肉是什么时候了！”

“我都不知道肉是什么味道了！”大伙兴奋地嚷嚷。

“大家工作积极，这是县委奖励大伙的。”段师傅笑着说。

“啊？有这么好的事，那我们可得好好干，让县委多奖励几回。”大伙一边吃一边笑着说。

很长一段时间后，我们才知道，是善洲书记用自己的工资买肉给我们改善伙食。那天，他到试验田来，看到大伙工作很卖力，饭菜却是清汤寡水的，很多人都得饿着肚子干活，就拿出自己的工资，把做饭的段景华叫到身边，让他去供销社买点火烧肉来，给干部改善一下伙食。并让他告诉大伙，是县委奖励大伙的。县里最大的官买肉给我们吃，这是多高的待遇啊！知道事情的真相后，我们都很感激善洲书记，干起活来也更加卖力。

5 当官不像官

1962年底施甸县建县时，全县仅有一条全长83公里的不列等公路。民间运输大量靠骡马队，当地人称为“马帮”。

一天中午，在施甸街头，有位赶马车的人要钉马掌，想找人帮忙，抬头刚好看见杨善洲从进街小道走来，张口就喊：“同志，帮个忙！”

扛着锄头下地

“有什么事？”

“帮我端马脚钉马掌。”

“好，我来端。”

杨善洲和赶马车的人配合默契，齐心协力，半个小时工夫，钉好了马掌。杨善洲拍拍手和裤子上的灰，向大桥头百货公司方向走去。

杨善洲在钉掌时旁边站着一个过路的人，见杨善洲远去，他才问赶马车的人：“你知道帮你钉掌的人是谁？”

“不知道。”

“他是施甸县委书记。”

赶马车的人感慨地说：“哦！他就是杨善洲，没有官架子，是位好书记！”

1985年的一天，保山地区水利局副局长李促众随杨善洲到施甸县仁和乡去调研当地的水利建设情况。在乡政府吃过午饭后，杨善洲和随行人员交代了一下情况，说他要去外面转转，一会儿就回来。一个小时过去了，不见杨善洲回来，于是，李促众就和其他两位工作人员去找。

那天正逢赶集天，街上人很多，很拥挤。李促众他们找了半天，结果发现杨善洲正在供销社门口帮马帮卸货。李促众赶紧走上前，惊讶地说："善洲书记，你怎么在搬东西啊？"

"什么？他是什么书记啊？是不是乡里的书记啊？"马帮头儿蒙了。

李促众提高了声音说："他是保山的地委书记！"

"对不起，对不起，我不知道！"马帮头儿连连道歉。

杨善洲却乐呵呵地说："没关系，能帮你们做点事，我就很高兴！"

杨善洲年少时学过石匠，他能吃苦、勤磨炼，很快就成为了仅次于师傅并小有名气的"二石匠"。担任保山地委书记期间，杨善洲有一天到施甸调研，见县城边一段公路上，石工们正在砌一座涵洞，工地上一片"叮叮当当"打石头的声音，他饶有兴致地停下来看。

一个年轻石工技术不熟，锤子和錾子在他手上有点儿不听使唤。杨善洲忍不住说："錾子要捏紧，下锤使点劲。"

年轻人抬头白了他一眼，有点不耐烦，顺口说："有本事，你打给我瞧瞧！"

杨善洲笑笑，拿过锤錾，“叮叮当当”，一会儿工夫，一块合乎规格的石头打成了。不但石块方正，纹路也很是漂亮。

年轻人不好意思地咬咬嘴唇。杨善洲走后，有人告诉年轻人：“教你打石头的是保山地委书记。”年轻人不相信，说：“你莫吹牛。”旁边的人都说那个人就是地委书记杨善洲，年轻人才信服了。

上图为杨善洲勘探时用的水准仪，下图为修路时使用的工具

6 老农讨“跌跤”谷种

在施甸，流传着一则“老农讨‘跌跤’谷种”的笑话。杨善洲担任县委书记期间，从省农科院引进了杂交稻谷种，搞起了样板田。试验成功后，组织县委的干部将刚收获的稻谷发到各区大队，让群众品尝，宣传推广这种高产的杂交稻谷种植技术。当时，农民群众还不知道杂交稻是什么，听说新品种稻谷产量高，就有老农跑到县委想要一点谷种试种。到县委后，却一时记不起这个品种叫什么，就跟县委的干部说：“把你们那些‘跌跤’（杂交）的谷种给点。”

查看实验苗的生长情况

保山市人大常委会副主任杨习超还讲了一则“新品种产量不高公家赔”的趣事。1964年，时任施甸县委书记的杨善洲出差时得知“台北8号”稻谷单产较高，产地气候又和施甸的气候较为接近，回来后就让县农业组和上级联系引进“台北8号”，由县委机关在甸阳镇罗街建立试验田进

行试种。当时，群众观念保守，不愿意种植新品种，杨善洲便许下承诺：如果“台北8号”亩产达不到400斤，由县委进行等量补偿。秋收时节，县委组织公社干部、群众代表在试验田现收现打，“台北8号”亩产达900斤，老品种亩产400斤。现场参观的公社干部、群众从此打消了顾虑。1966年，施甸全县种植“台北8号”两万亩，丰产丰收，缓解了全县粮食产量不足的问题。

施甸县委宣传部原部长孙中惠记得，有一年，县委在甸阳镇罗街建起了40亩的样板田，引进了两个高产稻品种。由于试验田靠近城郊的大路边，从栽插一直到收割都做给群众看，现种现割现收现脱粒现场计算产量，甚至架起铜锣锅现场煮给农民吃。群众直接感受到这两个新品种在产量、口感上的优越性。通过典型示范，群众打消了疑虑，之后的几年，在保场公社的董家村、迎将村一带，这两个品种推广种植达上万亩。

在田里劳动

7 “老三件”的趣闻

1965年的一个早晨，天麻麻亮，一个头戴竹叶帽、脚穿草鞋的人出现在施甸县某人民公社：“请问你们公社的领导在哪里？”

见来人一身农民装扮，接待员答：“领导不在！”来人听了没作声，转身下了村子。过了约好的时间，公社领导仍然没见到县委书记。一打听，原来接待员把县委书记当成老农给打发走了！

这位县委书记就是杨善洲。因为一直保持着淳朴的农民本色，杨善洲被百姓亲切地唤作“草鞋书记”。当地的每个乡、村都留下了他的足迹。

杨善洲身为地委书记，到昆明开会多，他身上的“老三件”——蓝布遮阳帽、洗得发白的蓝色中山装、解放胶鞋，引来不少趣闻。一次，省里在昆明莲花池宾馆召开地州市委书记会议。上午听省委书记报告，散会后，杨善洲走进餐厅吃中午饭，在指定餐桌坐下后，其他书记尚未来到。这时，有个年轻服务员对他说：“这桌是地州市委书记坐的，请你到外面用餐。”他离开座位，对服务员说：“给我打一份饭。”服务员很快端出一大碗饭菜交给杨善洲。他端着大碗在一个不起眼的桌旁吃起来。各地州市领导陆续就座，唯独不见杨善洲，有位书记高声喊“保山杨

善洲”，连喊两遍，杨善洲才大声说：“我吃着饭啦！”宾馆服务员急忙来到杨善洲身边赔礼道歉说：“对不起，请谅解！”杨善洲笑一笑说：“没关系，哪里吃都一样。”

一次在昆明开会，宾馆大门设有门岗。有一天午饭后，他前往附近百货大楼选购点物品带给家人，会前准时赶回宾馆开会。门卫看这人不像来开会的领导，就很有礼貌地问：“进宾馆做什么？”“开会！”“你不能进。”“好，我在外边树下乘凉。”小组会开始了，唯独杨善洲未到。有位地委书记知道杨善洲的去向，估计又出了点“小事故”，便到门外看看。果不出他所料，杨善洲一人独坐树下，身边有个小包，正用遮阳帽扇风纳凉，便喊道：“杨书记，大伙等你开讨论会，你倒清闲自在，大树底下好乘凉！”门卫听有人喊杨书记开会，抱歉地走到树下说：“杨书记请进！”他戴上遮阳帽，提起小包包，向门内走去。

杨善洲的“六件宝”：砍刀、蓑衣、竹叶帽、收音机、嫁接工具和常备药品

8 退救济粮

杨善洲在外工作，平日很少回家，家里的事情几乎顾不上。他跟妻子张玉珍说："我是国家的干部、人民的干部，哪能光顾自己家。"张玉珍一个人在家里，一边要伺候年迈多病的婆婆，一边还要照顾孩子的生活。家务活、农活她全都一个人扛着，从来不向杨善洲抱怨，不管遇到什么事情，她都自己撑着。

1970年，张玉珍生下三女儿杨惠琴。原本已经很拮据的生活，变得更加艰难了。坐月子期间，张玉珍不能外出劳动，家里粮食不够吃，看着年迈的婆婆和嗷嗷待哺的孩子，张玉珍急得直抹眼泪。

虽然杨善洲当了地委领导，可他在大柳水村的家是村里比较穷的。公社里搞民政工作的杨位斌看在眼里，痛在心上。按照当时的情况，张玉珍完全符合领救济粮的条件。杨位斌主动送去了30斤救济大米和30斤粮票。就是靠着这些救济粮，张玉珍带着婆婆和孩子才总算是渡过了难关。

后来，杨善洲知道了领救济粮的事，便批评妻子说："我是党的干部，是为人民服务的，不能占公家的便宜，地委领导的家属也不能搞特殊，大米和粮票要攒了还给公社。"

张玉珍带着一家人省吃俭用，大约过了半年时间，才把30斤大米和30斤粮票还给了公社。

9 “我实在没有钱”

20世纪70年代，云南的广大农村虽然还没有完全摆脱贫困，但生活已经比解放初期好了许多。杨善洲的老家施甸县姚关公社大柳水村的群众生活也逐步发生着变化，许多人家建起了土木结构的瓦房。杨善洲当时已经在保山地委工作，他的家人却依然住在茅草房里，生活条件十分艰苦。

1970年雨季，老屋漏雨十分厉害，没有哪处是干爽的。妻子张玉珍让人捎信给杨善洲，让他想办法凑点钱帮助家里修修房子。信是大女婿写的，信中说：“不论下大小雨，家里就都是水，晚上连睡都不敢睡，烧火做饭处都没有，两个妹妹一下雨就哭个不停。家里商量着把房子重新翻修一下，请爸爸回信。”

信寄出去了两个多月，才收到杨善洲的回信和30元钱。杨善洲在信中说：“我实在没有钱，这一点秘书可以作证。眼下农民比我们困难的还很多，别以为地委书记就有钱。这一点需要你们的理解。”没有办法，一家人只能在老房子里苦熬着。

1987年，杨善洲到施甸下乡，大女婿来找他说，家里房子又漏雨了，能不能给点钱修缮一下。他还是那句话：“我没有钱，你们要暂时克服困难，漏雨就买几个盆接一下，这边漏就搬到那边住。”家里修房子，杨善洲没有拿出钱寄回去，可当他听说大官市大队成立了茶叶专业组，生产资金紧缺时，他便到处借钱，竟凑了800元给专业组送了过去。

2004年的一天，杨善洲与几个老朋友在一起闲谈时，有人提到存款，一个老朋友就问他：“您的存折有多少钱？”

“有两块。”杨善洲说。

听的人有点不相信自己的耳朵：“两块？是大块还是小块？”

“就是正宗的两元钱。”杨善洲说。

听的人还是不信，杨善洲解释说：“原来存折上有几千块钱，但有一次急需用钱，就想全部取掉。但银行的工作人员说，留下两块钱吧，这样可以保留存折。我同意了，所以存折上就一直是两块钱。”

看到有困难的群众就给予帮助

杨善洲是地委书记，他的工资并不低，他的钱哪里去了呢？熟悉杨善洲的人都说，他这个人用钱很“散”，到哪个村子看到谁家生活太困难，就掏出工资去买粮食、被子接济；哪个生产队没有钱买种子，他也掏钱去帮着买；林场职工生病住院，他掏钱给职工治疗。这样，钱如何能存起来？

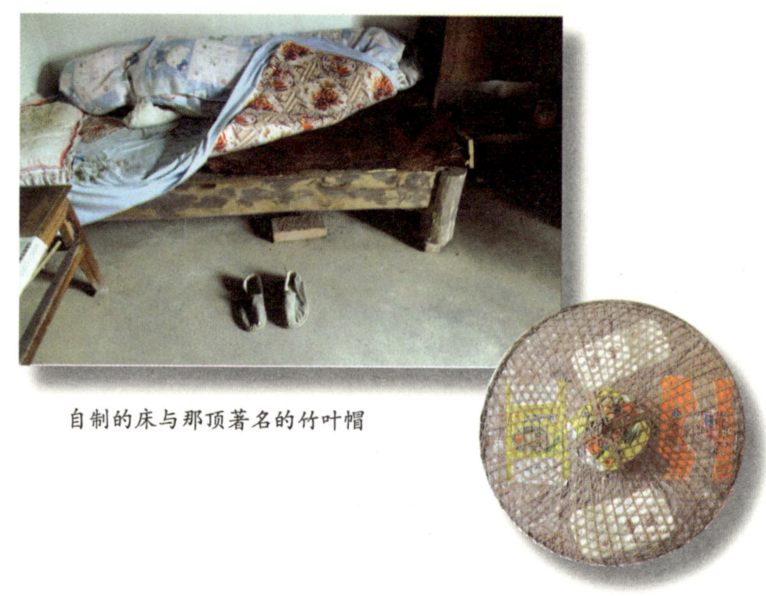

自制的床与那顶著名的竹叶帽

10 两根香肠，一顿年夜饭

杨善洲担任地委副书记期间，地委机关在施甸县大官市公社建起了500亩的林果基地。当时以新疆核桃、红花油茶、梨等品种为主，杨善洲经常到基地去调研指导、参加劳动。

20世纪70年代的一个大年三十，杨善洲兴冲冲地来到保山地区林业局，约林业工程师吴学潮去大官市水果种植基地。原来，他到大理出差采集到富源黄梨、苍溪雪梨两个良种果苗枝条，为了保证成活率要赶紧去嫁接果苗。

培育树苗

他们两人乘车来到大官市，吴学潮帮书记提起他的包爬山上基地，悄悄打开一条缝一瞅，里面嫁接剪刀、削切刀、薄膜、枝条一应俱全，与吴学潮带的专业嫁接工具并不差多少，还有一双草鞋。

到了山上，两人取出用萝卜保鲜的良种枝条，选砧木、削芽条、包扎切口、修剪果木，驾轻就熟地干了一

天。薄暮时分，两人才下山去到大官市供销社，找出铜锣锅、大米、洋芋、白菜，开始自己生火做饭。杨善洲像变戏法一样从包里拿出两根香肠说，今天是大年三十，年夜饭要改善伙食哟！一句话把吴学潮逗乐了。

在田间劳作

11 手拌粪土做“包衣”

杨善洲和农民有着深厚的感情，特别喜欢深入农村，到田间地头调查了解情况。当时在大官市农科站当技术员的杨国才最为难忘的是，杨善洲亲自示范手拌粪土做“包衣”。

1974年的一天，已经担任保山地委副书记的杨善洲下乡调研，独自走进大官市农科站。过问了良种推广情况后，杨善洲唤着杨国才的小名说：“宝材，去，抬牛粪来。”

杨国才把牛粪抬来后，只见杨善洲撸起袖子，在牛粪里加了一些灶灰，用手搅拌，再把牛粪揉成小团，将小麦种子揉到牛粪团里，然后转头对他说：“这就是包衣种子。这样做，庄稼才能长得好。”当时旁边有个干部认为牛粪脏，不愿动手，杨善洲就说：“这个人要锻炼，他怕脏！”

经常到田间查看庄稼长势

杨国才后来听说，其实，10年前，杨善洲就参与“发明”了手拌粪土做“包衣”。那是1964年秋季，施甸县姚关公社遭遇水灾，时值稻谷成熟时期，尚未收割的稻谷几乎全被洪水淹没毁坏。时任施甸县委书记的杨善洲仔细查看灾情，提出大春损失小春补，号召干部群众开展生产自救。为了提高小麦的发芽率，他组织农业组制作“小麦包衣种”，把收集来的牲畜粪便、灶灰、粪水与小麦种搅拌到一起，然后用手把小麦种的“包衣”揉搓出来。

“小麦包衣种”播撒到田里后，长势整齐并具有一定的抗病性，当年姚关公社的小麦亩产达到了300斤。

12 差一点成了烈士

1976年5月29日20时23分和22时0分，保山地区龙陵县境内先后发生了7.3级和7.4级强烈地震。地委当即召开紧急会议，研究部署抗震救灾工作。地委副书记杨善洲主动请缨，奔赴灾区。会议刚结束，他就找来驾驶员和身边工作人员李绍章，要求连夜赶往龙陵县。地震前一天，因患肺气肿在昆明住院三个月的他刚刚返回保山地委。

“杨书记，你刚出院，要不派其他人去？”李绍章说。

“群众受灾，我咋坐得住！”杨善洲边说边朝外面跑去。

强烈地震后，路上到处是山崖上滚落的碎石。在余震不断的黑夜中，三个人一边清理石头一边赶路，到龙陵境内808水库时天已微微泛亮，塌陷的道路被滚石堵住，车子彻底无法进去。“你在这里等着，我们先进去。”和驾驶员打完招呼，杨善洲便和李绍

在地震灾区

章徒步向震中跑去。地委领导第一时间出现在地震灾区，极大地鼓舞了灾区群众的信心，抗震救灾和恢复重建工作迅速展开。

同年，7月21日下午，腾冲县境内发生5.1级地震，在龙陵境内指导抗震救灾恢复重建工作的杨善洲又火速赶往腾冲。他们刚进入勐烈公社，水才倒好，还没来得及喝，几个农民就跑来报告，说附近有个小塘坝溃坝，把在山坡下玉米地里锄草的母女俩卷走了。杨善洲把水杯“咚”地放下，向出事地点冲去。路过一处悬崖时，杨善洲一脚踩空，身子向悬崖外倒去，紧随其后的工作人员杨兆华一把死死地抓住他的裤腰带，将他拉了回来。

“书记，要不你在山下等着，我们上去看？”杨兆华心有余悸。

“不怕，我们要赶快去安抚受灾群众。”说完，杨善洲又匆匆朝山上赶去。

事后，杨善洲跟杨兆华开玩笑说：“那次要不是你拉我一把，我就成烈士了。”

13 大胆起用年轻人

杨善洲非常关心年轻干部的成长，他常对年轻干部说："年轻干部要多学习，多从老百姓的利益出发去想问题，不能脱离群众。"对于那些在基层工作、扎实肯干、群众公认、有培养潜力的年轻干部，杨善洲不拘一格、大胆提拔使用。

1977年，杨善洲在下乡调研时，听到群众反映，施甸县委派到保场公社的工作组组长杨习超，能吃苦、懂科技、有办法，是个好干部。从那时起，他就注意上了这个年轻人。经过三年的考察，发现这个年轻人政治思想坚定，晴天一身汗，雨天一身泥，和群众住在一起，干在一起，办起了四块高产样板田，粮食取得了大丰收，农民收入也大幅增加。1980年，杨善洲建议地委组织部和施甸县委对他进行考察，准备提拔使用。当时，一些同志有顾虑，认为杨习超太年轻，怕压不住阵脚。杨善洲耐心地说服大家："党的事业需要我们大力培养和使用年

参加样板实验田劳动

轻干部，群众的评价和肯定，就是我们使用干部的基本依据。”经过组织考察决定，23岁的杨习超成了当时全地区最年轻的公社党委书记。杨善洲就是这样，在深入实际中发现干部，在工作实践中培养干部，使一大批年轻有为的干部脱颖而出，成为带领群众建设保山的有生力量。

已经从云南省人大常委会副主任、党组成员岗位上退休的黄炳生至今对1983年7月的一天记忆犹新。时任龙陵县委常委、副县长的他突然接到了上级的通知：提任保山地委副书记。到了地委，地委书记杨善洲找他谈话：“中央要求提拔使用有文化的年轻干部，组织上认为你基层经验丰富，能力较强，可以担任保山地委副书记。”1986年3月，离退休还有一年的时间，杨善洲主动从领导岗位上退了下来，并推荐黄炳生为保山地委书记后备人选。经过组织考察，年仅41岁的黄炳生成为当时全省最年轻的地委书记。

14 不要一步登天

邢金杨和杨善洲都是施甸人，两人私交甚好，但在提拔使用的问题上，杨善洲却丝毫不含糊，并且要求更严。

1971年，邢金杨从施甸县由旺公社调到保山地委行署宣传部任宣传干事，开始接触杨善洲。当时，杨善洲和大家一起在公共食堂吃饭，完全融合在群众当中，没有一点架子。初来乍到的邢金杨，对这位地委副书记产生了好感。接触多了，两人也就慢慢熟悉起来。

1979年，邢金杨调到地委组织部工作，由于工作表现突出，1984年，地委组织部决定提任时为老干部局局长的邢金杨为副部长兼干部科科长。提议上报地委会议讨论时，地委书记杨善洲却不同意，认为还是先由老干部局局长平调任干部科科长，在科长位置上干两年再说。事后，在一次吃晚饭从食堂返回办公室的路上，他和邢金杨谈起了这件事。他说："这种情况在其他部门是可以的，但组织部门是众矢之的，必须严格要求，否则难以服众。你也不要一步登天，别人都看着呢！"

杨善洲一生清正廉洁、光明磊落。他常说的一句话是，发现有问题，从我杨善洲身上查起！在选拔任用干部中，杨善洲对身边的人同样要求特别严。杨善洲的秘书没有一个在他任上直接提拔，那些与他亲近的人也没有一个

得到优先提拔。他常对秘书说："你们跟我当秘书，就别想提拔的事。要提拔也等我不在位了。不要让人认为当了我的秘书，就能优先提拔，这样对你们将来的成长没有好处。如果不靠自己的努力，就是我给你们硬提拔上去，等我不在位了，你们还是坐不稳。何苦受这个罪。"

和杨善洲共事多年的祝正光回忆说，他当秘书时，地区卫生局长看中他，想把他调到卫生局工作。可是，杨善洲书记不表态，组织部门没法办理，于是不了了之。

杨善洲的另一位秘书苏加祥也没有得到提拔。如今，苏加祥已经是快退休的人了，仍在保山日报社当一名普通记者。

15 “滇西粮仓”的总农艺师

1978年，大年三十的晚上。杨善洲没有回家，而是叫上秘书段兴华，跟他一起去板桥农科试验基地，给技术员毕景亮等同志拜年。

当时，毕景亮他们正在板桥搞“京国92”杂交水稻试验，无法回家与亲人共度新春佳节。杨善洲给农业技术员拜年，这已经不是第一次，但毕景亮仍然非常激动，他拉着杨善洲的手说：“杨书记，您每次到外地出差，看到良种都要带回来，让我们搞试验，有点空儿就来跟我们一起插秧、除草、施肥、搞试验，大年三十还想得起来看我们，真是谢谢您了！”

“滇西粮仓”

杨善洲笑呵呵地说："谢哪样谢？我要谢谢你们啊！你们的工作干好了，老百姓的吃饭问题解决了，保山的大事就解决了一半啦！"

通过多年的努力，保山坝、施甸坝的水稻单产历史性地跨越了500公斤大关。农业技术员都由衷赞叹："杨书记真是保山粮食生产的总农艺师！"

1978年至1981年，保山地区的水稻单产全省排名第一，从此有了"滇西粮仓"的美誉，杨善洲也被群众亲切地称为"粮书记"。其间，农业部专门在保山召开了农业生产示范现场会。

对"滇西粮仓"的崛起，群众都说：是我们的"草鞋书记"杨善洲带领全区人民群众，一步一个脚印干出来的。

跟大家一起劳动

16 咖啡成了摇钱树

隆阳区芒宽乡地处怒江河谷，气候炎热、土地肥沃，宜于咖啡生长。1957年引进小粒咖啡品种，在芒宽新光生产队种植100多亩，但由于缺乏管理技术，农民没有稳定收成，咖啡种植时断时续。

粉碎“四人帮”后，杨善洲听说芒宽有个叫朱自祥的农民，因为在自留地种植咖啡成了冒尖户，收入增加，盖了一间瓦屋面楼房却被批斗的事。1980年初，他亲自到芒宽找到朱自祥，鼓励他带领农民在自留地大力发展咖啡种植。

朱自祥记得，这位地委书记个子矮矮小小的，穿的衣服很朴素。来到老朱家，看了朱自祥在自留地种植的300多棵咖啡树后，杨善洲邀请朱自祥一起开会，一桌吃饭。

“原来我因为种咖啡被批判。他们说我种咖啡搞发家致富，集体搞不好，搞自留地，走资本主义道路。被批斗一整天，开除党籍，免去队长职务，直到包产到户后才恢复党籍。我是又想好好种咖啡增加收入，又怕政策会反复。”朱自祥向杨善洲掏出了心窝子话。

“过去，我也没顶住‘左’的错误思潮。我看这咖啡树是摇钱树。你的这片咖啡树还是好好保留，不要砍掉，好好培育，不管是在自留地还是房屋周边，还要带领乡亲

尽量多种咖啡。”杨善洲鼓励老朱。

听了杨善洲的话，朱自祥一颗悬着的心落了地。杨善洲又说：“你家六口人，咖啡这一项收入就是人均300多元，再加上其他经济收入，已经走上致富路了！你这个典型应该快快推广。”

“芒宽的咖啡是杨善洲书记发动大家种起来的。他先后来了我家三次，动员我带头大力发展咖啡，我过了30年都没有忘记。”现在朱自祥回忆起来仍然十分激动，“现在我家总共种了30多亩，大儿子家种咖啡每年收入就有2.5万多元。”

在杨善洲的倡导下，芒宽的咖啡逐渐发展起来。20世纪80年代初，芒宽的小粒咖啡种植面积由原来的几十亩发展到近千亩，区域从坝区田地延伸到山上荒地，并成为全国的典型，全国咖啡生产现场会就在这里召开。朱自祥回忆说：“那天早上，我们全村的人一起来就打扫卫生，全国各地的参会者来了200多人，杨善洲书记还在会上介绍了这里种植咖啡的经验。”

当年杨善洲倾注心血发展的咖啡产业，直到今天仍然给当地群众带来丰厚的经济收入。特别是近几年来，芒宽乡咖啡种植面积已经发展到3.9万亩，投产的一部分年产值达700多万元，户均收入7000多元。

17 为救灾停建办公楼

1985年，保山地委建办公大楼，看着第一层已经建起，想着不久就能搬进新大楼办公，干部职工都充满了期待。

然而，就在办公大楼工程一天天推进的时候，昌宁县金华乡发生了水灾，杨善洲知道以后，带着人立即赶赴灾区查看。看到老百姓受灾特别严重，他非常难过。回到保山后，他立即召集地委委员会议，建议办公大楼在建项目马上停工，把资金拿来救灾。

会上，个别同志想不通，认为可以从其他地方调动资金，没有必要把正在建设的大楼停下来。

杨善洲动情地说："如果眼看着人民群众在受苦，我们却安逸地坐在大楼里悠闲地办公，我们不觉得有愧吗？"

经过反复讨论，大家统一了思想，会议一致决定停建大楼，优先救灾。

18 一次特殊的“糖果会议”

20世纪80年代初的一天中午，杨善洲来到一家糖果公司的门市铺子，说：“小同志，我买一斤糖果。”

“请稍等，我马上给你称。”一位年轻的售货员动作麻利地用秤盘去舀糖果。

“好了，一斤，不多不少。”年轻售货员笑着说。

杨善洲递过钱，年轻售货员准备将秤盘里的糖果倒给杨善洲，“你就这么给我，也没有包装纸包一下，这不好拿嘛！”杨善洲说道。

在会上部署工作

“没办法，我们没有包装纸。”年轻售货员显得很无奈。

怎么办？杨善洲伸手取下遮阳帽，营业员把糖果倒进了帽子里。

在回来的路上，杨善洲心里总在想包装纸的问题。群众上街买东西，没有包装，怎么携带？怎么能方便人民群众？

他返回机关后，告诉秘书通知各处局委办领导立刻到地委会议室开会。不一会儿，应到会人员就到齐了。

“今天这个会，我先请大家吃糖，然后再开会。”杨善洲说。

与会的领导猜不透杨善洲葫芦里卖的什么药，一时间交头接耳起来。气氛活跃，抽烟、喝茶、吃糖倒是很轻松，把糖吃得精光。

这时，杨善洲心情沉重地开始讲话：“大伙吃了糖，糖是装在帽子里带回的，卖糖没有包装纸，怎么带？这不是小问题，说重点是态度问题，要引起我们重视。为人民服务不是空喊口号，要实实在在，落在具体问题上，为群众办实事。”

这次会议给大家留下了深刻印象，取得了很好的效果，被称为“糖果会议”。

19 满身泥水见中央领导

20世纪80年代，时任中共中央总书记的胡耀邦曾两次视察保山，杨善洲给他留下了深刻的印象。

1980年10月23日，胡耀邦到了保山，来到地委书记办公室，却没有见到杨善洲。原来，省委只是通知杨善洲在保山待命，不要外出。那时正是小麦播种季节，杨善洲在办公室里待不住，就去了板桥公社的田间，给农民群众做示范，卷着裤腿一起干。

“草鞋书记”

中央领导来了，地委工作人员赶紧去田里叫他，他才急忙赶回来，到宿舍换了套干净的中山装。他的宿舍和办公室相连，胡耀邦亲眼看到了杨善洲满身泥水的样子，亲切地说：“像你这样朴实的地委书记不多了！”

胡耀邦先前知道保山的粮食生产抓得不错，就对杨善洲说：“不休息了，先到附近农村看看。”

他们来到了板桥公社，得知板桥公社的水稻亩产最高达到850公斤，个别田块甚至达到900公斤时，胡耀邦高兴地说："这产量很不错，在全国已经领先了。"

后来，胡耀邦还送给杨善洲一副对联：

心在人民原无论大事小事

利归天下何必争多得少得

1986年，胡耀邦第二次到保山视察，一下飞机，立即询问板桥的发展状况，当得知板桥的国民生产总值达到250万元时，高兴地说："250万元可以嘛，我很满意。"

20 “你究竟有多大的‘掌’？”

杨善洲敢于自我批评，批评起他人和不好的现象也毫不客气。

20世纪80年代中期，机关党员干部中一些人渐渐不再使用某某同志的称呼，而是热衷于叫职务，称某某局长、某某科长之类，这让最喜欢别人称呼自己“善洲同志”的杨善洲有些听不下去了。

一次春节后召开的市、镇、村三级干部会上，杨善洲很不客气地批评了这种现象：“现在有些干部，你不称呼他什么长呀长的，他就很不高兴。马掌、驴掌、熊掌有很多，你究竟有多大的‘掌’？同志之间奉承来奉承去像什么样子，也不考虑老百姓怎么看！”

他常说：“我们相互之间都是革命同志，大家一起工作，一起吃饭、生活、学习，工作无高低贵贱之分，只是分工不同，都是平等的。你们要叫我善洲同志，或者杨善洲、善洲、老杨都可以，不要叫我书记、杨书记。”所以，那时年纪与他相当的，都叫他善洲同志。退休后大家叫他老书记。

21 边远山区教师“农转非”

1981年的一天，杨善洲到瓦马公社调研“农转非”的问题。得知杨善洲到来，瓦马小学的一位代课老师找来了。

“杨书记，求你帮帮我们吧!我们来到这个地方已经20年了，可我们的身份还是代课教师。”

来找杨善洲的代课教师叫杨盈昌，1961年从保山师范毕业后，在保山隆阳一所小学任教两年后，被抽调到距保山城200多公里外的瓦马小学支边教书。一晃20年过去了，身份还是民办教师。因收入低，杨盈昌的妻子、儿女生活困难。

听取杨盈昌反映的情况后，杨善洲又走访了学校的几位老师。当场，杨善洲没有表态。回保山的第二天，杨善洲召开会议，将瓦马小学教师待遇的问题提出来讨论。

杨善洲动情地说：“像杨盈昌这样的教师扎根边远山区数十年，耗尽了人生中最好的青春年华，为山区的教育事业作出了贡献。我们应该关心他们，解决好他们的待遇问题。”

在杨善洲的提议下，地委作出决定，要求教育局对整个保山地区扎根边远山区数十年、身份待遇没有解决的教师的情况进行调研。

教育局的调研报告提交到地委后，杨善洲主持召开了一个专题会议，经过认真讨论，保山地委出台了解决扎根边远山区、边疆少数民族地区部分教师“农转非”问题的办法。随后，有关部门为50多位教师解决了“农转非”的待遇问题。

“杨书记改变了我们50多名边远山区代课教师的命运，如果不遇上他，我们的问题不知还要拖到猴年马月。”事隔多年，杨盈昌仍掩饰不住内心的激动。

22 一张空白的“农转非”表格

早在1964年，杨善洲担任施甸县委书记时，组织上就提出把他的妻子、孩子转为城镇户口，他谢绝了。

杨善洲担任保山地委书记后，按照上级有关政策，他在农村的母亲、爱人和不满16岁的女儿可以“农转非”。杨善洲身边的工作人员填好申请表后，向他报告，他却把申请表要了过去，转手把申请表锁进了抽屉里，一直不给办。

干部农村家属迁往城镇落户申请审批表

填报单位：__________　　填报日期　　年　月　日

姓名		性别		民族		文化程度	
本人成份		政治面貌		工资级别		家庭出身	
出生年月日		参加工作年月日		籍贯	省　市(县)		
两地分居距离是否享受探亲假				工作单位			
原任职务				现任职务			

锁在抽屉里的“农转非”表格

关于当年不让妻子和女儿们“农转非”的事情，在杨善洲晚年，他的二女儿杨惠兰曾经问他。他说：“当时，在我们地委机关，大多数局长、科长的家属都在农村，我这个‘班长’的家属怎么能够先转呢？”

杨惠兰当时没能考上大学，想回施甸找点事情做。先是到茶厂做零工，后来又到小学代课。有一次，县公安局招工，她去报考，还特意给杨善洲打了电话，希望爸爸给公安局打个招呼。可是录取名单出来了却没有杨惠兰的名字。原来杨善洲根本没打招呼，并告诉女儿打铁要靠本身硬，要堂堂正正做事。当然，杨惠兰招工的事也就黄了。

1985年，杨惠兰靠自己的努力，通过考试成为一名公办教师。后来，三女儿杨惠琴通过考试进了保山烟草公司当了一名普通职工。而杨善洲的妻子张玉珍与大女儿杨惠菊一家至今仍在老家务农。

23 老百姓饿肚子，干部就失职

“一人三亩地，种了不够吃。”早年流传在保山地区的顺口溜，真实地反映了当时的生产情况。

虽然人均耕地占有量很大，但守着大块田地的农民，居然还要饿肚子。杨善洲看在眼里，急在心上：“我们是党的干部，如果老百姓饿肚子，我们就失职了！”

与群众一起插秧

如何提高土地的产量，让老百姓吃饱饭，成为杨善洲日夜思考的问题。他专门在保场乡开了半亩粳稻试验田，试验“三岔九垄”插秧法。试验成果十分喜人：一亩地可以提高产量三四百斤。

那时候，通信还不发达，广播电视都很少，传播技术只能靠现场培训。为让群众熟练掌握这一能增产的种植技术，杨善洲常年跑田间地头，亲自去示范推广。

1982年的插秧季节，杨善洲到龙陵县平达公社河尾村

下乡。路上遇见几个农民正在田里栽秧。杨善洲蹲在旁边看了一阵，走上前去，对一个年轻人说："你们插秧的方法不对，要想搞得饭吃，就要好好栽。村干部没跟你们讲'三岔九垄'插秧法吗？"

小伙子看看他，穿着一件旧衣服，卷着的裤脚下面，一双破烂的黄胶鞋，不太像个技术员。于是就没好气地冲他说："老倌，你别站着说话不腰疼，你会栽，你来栽给我看看！"

杨善洲二话不说，挽起裤脚，把鞋子一脱，跨进田里，接过秧苗就开始栽，不一会儿就插出长长一溜秧来，而且栽得均匀整齐，周围群众一阵叫好，小伙子也佩服得低下了头。直到现在，保山当地群众插秧还在沿用这个"三岔九垄"法。

24 又把书记跟丢了！

杨善洲在任时，很少待在地委机关，一年里大部分时间都在乡下跑，顶个草帽，穿双草鞋，随身带着锄头、镰刀等各种农具，碰到插秧就插秧，碰到收稻就收稻，他总是讲："与群众一起劳动，了解到的基层情况最真实。"1982年，全地区的土地承包工作完成以后，杨善洲来到施甸县了解情况。到了保场公社后，他对驾驶员赵从德说："小赵，我要到处看一看，你等着我，如果到天黑不见我回来，你自己去找吃住。"说完下了车，取出车后厢的大竹叶帽扣在头上，向地委在保场的样板田走去。赵从德守着车等到天黑，还是不见杨善洲的身影，于是驾车到了施甸县城，在县城招待所住了一夜。第二天他又开着车回到保场。眼看太阳偏西，又是一整天过去，还是不见杨善洲，他有些急了，马上赶到保场样板田，在那里遇到了一个老汉："大爹，这两天你见着一个戴大竹叶帽，穿黄胶鞋的人吗？"

"哦，是不是姚关口音的那个老倌？"

"是，你见他去了哪里？"

"和我说了一些话，卷了支草烟就走了，我约他到家里吃饭，他说要去老麦的东山。"

又把书记跟丢了！赵从德赶紧到县委说明情况，联系

上老麦公社，对方说是有个戴竹叶帽的老倌来过这里，喝了杯水就走了。直到第二天中午，木老元公社给县委打来电话，说地委书记在他们那里。木老元是施甸历史上最贫困的民族山区，交通不便，距离县城二十余公里。从保场到老麦，又走到木老元，杨善洲究竟走了多少户人家、几个大队，行走了多少里崎岖山路，只有他自己知道。

二十多年后，年过五旬的赵从德讲起当时的情形，依然感慨不已："在木老元的石门坎见着老书记时，他的黄胶鞋早已成了泥巴鞋，还一脸的笑意，我却忍不住哭了。"

经常徒步下乡调研

25 "靠不住"的岳父

在蒋正军的记忆中，岳父杨善洲是一个既严厉又和蔼可亲的人。

1983年10月，杨善洲知道当时在施甸县姚关公社任团委书记的蒋正军和二女儿杨惠兰谈恋爱。一个星期天，杨善洲把蒋正军叫到家里吃饭。饭后，他对蒋正军说："你们谈恋爱，我不反对。但不要忙着谈婚论嫁。你们还年轻，要继续学习，你学历高一些，要多帮帮惠兰。靠我是靠不住的，你们要靠自己。"

"这个地委书记确实不一样。"出生于干部家庭的蒋正军心里想。后来，蒋正军和杨惠兰结婚时，杨善洲提了要求："结婚不准请客。叫公社的同志吃顿饭，买些糖果发一下。"在那个年代结婚，谁家要是不请客、不摆酒，就会被人笑话，会被认为是非常没有面子的事。可是，女儿和女婿没有怨言，他们按照杨善洲的要求简单办了婚礼，他们理解父亲。

此时，蒋正军在姚关公社任团委书记。为了方便照顾家，杨惠兰找到杨善洲说："爸，我在白马小学干了这么多年了，能不能帮我调到公社的学校去，离家近一点。"杨善洲没有同意，说："你要去哪里工作，靠自己努力。"

因为杨善洲不肯为女儿调工作，为了照顾妻子和孩子，蒋正军不得不提出申请，要求调到白马小学和妻子一起工作。公社的领导坚决不同意，蒋正军在团委书记的岗位上工作认真，能吃苦，爱学习，干得十分出色，领导十分赏识。现在蒋正军突然提出要调走，公社干部纷纷找他做工作。考虑到他的实际情况，公社领导在蒋正军第三次提出申请的时候，终于答应了他的调动申请。

有人说，杨善洲的做法也太不近人情了。其实，杨善洲也有柔情，他对女儿和女婿的爱是那样真、那样深。

2008年，蒋正军不小心摔伤住进了医院，80岁的杨善洲拄着拐杖走到医院，不停地叮嘱医生，一定要好好治女婿的病，花多少钱都不要紧。看着岳父佝偻的身影，蒋正军的双眼模糊了，站在他眼前的这位曾经被很多人认为不近人情的老岳父，是那么关心他，那么爱他。

2009年，蒋正军带着妻子回岳父家吃饭，路上不幸出了车祸。蒋正军受了重伤，肋骨断了三根，杨惠兰也伤得不轻，两人都住进了医院。此时，杨善洲也正生病住院。为了不让杨善洲担心，女儿、女婿和家人都没有把出车祸的事情告诉他。杨善洲出院后，拄着拐杖就去找蒋正军，生气地说："你们出了事，为什么不第一时间告诉我？我在医院听到议论，我心里着急啊。出了事总要让我知道，我好想办法呀。你们是不是死了也不跟我说一声啊？"杨善洲拿着拐杖在地上重重地跺了几下。

看着生气的岳父，蒋正军哭了，杨惠兰也哭了。此刻，他们终于读懂了什么叫做父爱如山。

唯一的一张全家福

26 “账不能这么算”

杨善洲下乡，总像一个“三人战斗小组”，除了司机、秘书，其他随员一个不要。上路，直奔田头。碰上吃饭时间，老百姓吃什么，他吃什么，吃完结账，绝无例外。

1983年的一天，杨善洲、秘书和驾驶员三人下乡到腾冲中和乡。头天吃完饭，他叫驾驶员赵育刚把伙食费交了。第二天，驾驶员忙着检查车子赶路，忘记交伙食费了。车已经开出很远，杨善洲忽然问：“小赵，伙食费交了吗？”赵育刚说：“哎呀，忘了。”“回去交掉！”杨善洲说。

当时，按地委出差标准，下乡一天补助三角钱，再返回去的话，来回要花几元的油钱，赵育刚说：“书记，回去油钱都比交的伙食费贵几倍了。”杨善洲用严厉的目光看着他，大家只好又返回中和乡结了不到一元的伙食费。

1984年，杨善洲和秘书段兴华去龙陵县出差。结束时，三人在县委食堂吃了一顿饭。一碗白菜，一碗蒜苗，外加一碗萝卜炖排骨，一共6.5元。吃完饭，秘书主动去结账，被县委书记拦住了，他说：“杨书记是我的老领导，今天就算我请了。再说了，菜很简单，也不贵，我用我个人的伙食费去冲抵就行了。”秘书拗不过，只好作罢。

第二天回保山的路上，杨善洲突然问起头天吃饭是否结账，秘书如实相告。杨善洲得知后，脸一沉，让司机停下车。他严肃地对秘书说："你立刻搭班车回去结账！"

秘书只好下车，拦了一辆公共汽车，回去结了那6.5元的伙食费，可他在路上来回的车票、住宿却花了32元。他一路都在想，这就好像用一只鸡去换一只鸡蛋。回到保山，秘书怯怯地对杨善洲说："为还6块多的伙食费，我们花了32块，值不值？"

杨善洲认真地说："账不能这么算。如果我们下乡，都是到这里吃一顿，那里吃一顿，然后擦擦嘴巴就走，剩下的账谁去付？最后还不是摊到老百姓身上！所以，我们不管到哪里吃饭，都要主动掏钱。"

27 为民引来甘泉水

担任保山地委书记期间，杨善洲跑遍了保山的山山水水、乡镇村落，百姓疾苦、民生冷暖他都看在眼里，记在心上。

1986年，杨善洲考察大亮山时就注意到：附近的大山村、里嘎村一带村民饮水非常困难。看到村里的孩子一个个被渴得嘴唇干裂，杨善洲的心被触痛了。

在矿山上调研

“老书记，能不能借你的车给我们去外面拉拉水？”蹲在沟边的杨善洲听到这话，立马站起来招呼大家：“走，我和你们一起去！”

看着村里的群众吃水如此困难，杨善洲的心情十分沉重，心揪得紧紧的。他想，帮群众拉一车水，根本不能解决什么问题，彻底解决村里的饮水问题才是长远之计。

杨善洲找到当时的村干部说：“我就在里嘎村住下了，为你们找水！”地委书记住在村里帮农民找水？村干部根本不相信。杨善洲是抱怨村里的工作没有做好，还是另有别的原因？

村干部在猜测和疑惑中安排杨善洲住下。第二天天还没亮，杨善洲便招呼大家跟着他去找水源。从里嘎村沿着梁子沟大约走了10公里路后，来到了岩羊山，远远地就听到有“哗哗”的水声，随行的村民兴奋不已。

“书记，快来看，这里有水！”杨善洲赶紧跑过去，蹲下身来，开始用一片叶子测试水的流量。看到杨善洲嘴唇也干裂了，一旁的村干部连忙说：“书记，这里水多，你喝点吧！”杨善洲用手捧起清澈的水，却没往嘴巴里送，而是用指头蘸了蘸，润了下干裂的嘴唇……

不久之后，清甜的山泉顺着自来水管道流进了里嘎村，村民们再也不用为吃水发愁了。看着喝上放心水的村民，杨善洲的脸上露出了舒心的笑容。

“杨书记，你是我们的大恩人啊！”一位老人拉着杨善洲的手泣不成声。

20多年来，杨善洲带领大家，凭着愚公移山的精神，硬是把光秃秃的大亮山变成了望不到边的绿海。松树长高了，果树成林了，植被明显改善了，断水多年的溪谷又有了泉水。杨善洲还带领群众架起水管，将泉水引进村里，通到各家各户。大亮山林场还承担了3个乡镇11个村委会70个村民小组共计2.5万多人的饮水供给任务和3万多亩甘蔗的灌溉任务，基本解决了当地的生产生活用水问题。

乡亲们最真切地体会到杨善洲造林带来的好处，是

2010年春夏，云南大旱，大亮山周边的村民仍能喝上甘甜的泉水

在2010年的大旱当中。2010年春夏，云南省大部分地区遭遇百年一遇的大旱，长达半年的持续干旱使群众种不上地，喝不上水。但就在大亮山周边的村子，尽管也受到大旱，但群众家里的水管却依然流着甘甜的泉水，水源地正是杨善洲造林22年的大亮山林场。群众情不自禁地说："多亏了老书记啊，要不是他，真不知道这样的大旱我们怎么熬过。"

28 老书记“逃宴”

1988年，为了筹建大亮山林场，杨善洲带着施甸县林业局局长杨光璧、副局长范昆到省林业厅，向李圭厅长汇报工作，得到了省林业厅的大力支持。建场后，杨善洲又带着杨光璧和范昆等人到省林业厅争取项目资金。

当时范昆建议杨善洲：“老书记啊！李厅长帮了那么多忙，您是不是该考虑请他们吃顿饭啊。”

杨善洲说：“恐怕没有这个必要吧！”

范昆说：“您不请他，怕他也会请您！”

果然，到了下午，办公室秘书来通知他们，说李圭厅长晚上要宴请大家。当时杨善洲觉得很为难，只好三十六计走为上计，谎称家里有点急事，需要马上回去处理。几人像“逃难”一般，搭了夜班车，从昆明赶到楚雄住宿。

杨善洲就是这样一位不愿请客吃饭，也不愿被人请的人。他常跟身边的人说：“吃人三餐，还人一席，这是个坏毛病，稍不注意就容易出问题！”

29 绿叶子火塘会议

1988年3月，杨善洲退休了，省里安排他到昆明安享晚年，但他婉言谢绝了，他说要履行自己的诺言，回老家施甸种树去。县里经过研究，决定抽调17位同志，跟随杨善洲一起上山筹办大亮山林场。

3月8日正式进山建场那天，一大早，杨善洲就带着十多个人从施甸运来好多建设用的物资，粮食、铺盖、绳索、大刀、鸳鸯斧、镰刀、锄头、十字镐、钉耙以及锅、碗、瓢、盆等生活用具都有。为了方便联系，细心的杨善洲还带来一部电台。东西很多，马帮足足用了18匹骡子才把全部家什装完。

“出发！”杨善洲招呼着大家。队里有位年轻人看到杨善洲瘦弱的背上背着行李包，便走过来，伸手想接下来。杨善洲却拦住了：“背包不重，我还是自己背吧。我们一个人拿一点，就可以减轻马帮很大负担。”马帮出发了，经过摆田寨子东南边的山头直上黄泥沟，然后穿过冷水沟、小麻场、大麻场，走了大约12公里，到达张家大坪子，杨善洲告诉大家，场部的位置就在这里了。

人马安顿好后，杨善洲召集大家就地坐下开了个会，安排架设电台、砍杂树搭盖棚子、挖土灶、搭锅架、抬水做饭。几个赶马人看看才四点多钟，又下山一趟将物资驮完上山，以便安排布置。

当天晚上，吃完了简单的晚饭，杨善洲召集大家开了第二次会议。大家坐在简易的窝棚里，中间烧起了火塘，火光照亮了大家兴奋的脸庞。杨善洲做思想动员说：“大亮山的林木，多年来只砍不种，毁坏严重，这样长期下去，就会影响到子孙后代的生存。办大亮山林场，是我多年的愿望，过去我当地委书记，没时间来种树，现在，我退休了，有时间了，我就和大家一道上山种树，绿化我们的家园。”然后把上山的17个人分成三组：一组负责宣传和签订合同，一组负责打塘整墒，一组负责育好树苗。这就是林场建设史上著名的“绿叶子火塘会议”，由此开始了杨善洲22年的造林生涯。

1990年在林场

那天晚上，大家搭起帐篷，挤在里面休息。当天夜里，大亮山就给了他们一个下马威：半夜，突然“呼呼”地刮起了狂风，一下子就把帐篷掀翻了。大家赶紧跳起来，这时，狂风裹着黄沙，吹得人们眼睛睁不开，脚也站不稳，远处还传来“嗷嗷”的野狗嚎叫声。等安顿下来，天就亮了，炊事员准备做早饭，这才发现锅不见了，四处寻找，终于在山谷里找到了被风吹跑的锅，锅里全是沙子。面对恶劣的环境，大家七嘴八舌。杨善洲坚定地说：“等到山绿了，风沙就会越来越小。栽下一棵树，山就会绿一小块，栽下几棵树，就会绿一片。我就不信这山绿不起来！”

大亮山条件艰苦，冬天气候环境尤为恶劣。大家经常

在大亮山上

目睹杨善洲的双手弄得伤痕累累，十个手指头经常缠满了白胶布。但这位乐观的老人却常对旁人说："年轻人，学着点！如果手被弄伤了，只要裹上胶布，抡锄头、甩大刀都不会震到伤口，手就不会流血了。"

那个时候，只要走进大亮山，一年四季都能看到杨善洲在山上忙碌劳作的身影。

经过22年的奋斗，杨善洲带领大家人工造林5.6万亩，有的树直径已经达到了40公分，建起了茶园700多亩。如今的大亮山，80多个大山头、180个小山头全都被郁郁葱葱的森林覆盖。

30 大街上捡果核

到大亮山后不久，杨善洲和工人们刚刚克服了住房和通路的问题，又一个严酷的现实摆在了他们面前：林场资金陷入了困境。

站在林场场站，望着眼前的一片一片荒山，到底要到什么时候才能让这山绿起来？杨善洲开始着急了。要把大亮山变成林海，需要大量的树苗，可没有资金去哪弄树苗呢？杨善洲可谓绞尽了脑汁。

在山间小道上捡马粪用于育苗

“最近不是水果上市吗，干吗不到城里的市场上去捡人家吃水果扔掉的果核回来育树苗呢？那样不花一分钱就能有树苗了。”杨善洲有了主意，第二天一早就下山了。

从此，在镇里和县里的集市上，多了一个拎着口袋、戴着草帽的老头，他一见到有人扔了果核，就如获至宝地马上捡起来放进袋子里。桃核、梨核、龙眼核、芒果核……有什么捡什么，用麻袋装好，积少成多后用马驮上山。没多久，林场的育苗基地就正式启动了。

每年的端阳花节，是保山的传统节日，也是果核最多的季节，杨善洲就发动全场职工一起到街上捡果核，成了花市上一道“另类”的风景。

有认识杨善洲的人说：“你一个老地委书记，在大街上捡果核，多不光彩。”杨善洲笑笑说：“我这么弯弯腰，不花一分钱，林场就有苗育了。等果子成熟了，我就光彩了！”

在大街上看到父亲捡果核的两个女儿劝他不要再捡了。杨善洲说：“是不是你们觉得丢面子了？不要老想着你们的父亲是个地委书记，我就是一个普通人。如果你们感觉我给你们丢面子了，那以后不要说我杨善洲是你们的父亲！”两个女儿流下泪水，她们明白了父亲节约成本造林的良苦用心。

有一次，杨善洲只顾着捡果核，不小心撞到一个小伙子的自行车上。小伙子恼了，张口就骂：“死老倌，不想活了呀！”有人赶忙把小伙子拉到一边，告诉他说：“这可是我们保山的老地委书记，他捡果核是拿去植树造林呢。”小伙子惊得半天没吭声，转过身说了一句：“这样的官？我服了！”杨善洲却丝毫不理会旁边发生的一切，依然低着头自顾自地捡果核。

如今，杨善洲带着大家捡来的果核，已经长成了一棵棵枝繁叶茂的果树，那300多亩果园，桃子、李子、桂圆、芒果，硕果累累，香飘十里，成了大亮山林场最美丽的一道风景。

31 “自讨苦吃”

1989年，林场在最初搭建的油毛毡棚对面修起一排新的砖瓦房。房子修好后，职工们首先想到的是杨善洲。可他说什么也不肯搬进砖瓦房：“你们住吧，我一个老头子，住那么好的房子干什么！”他把分给自己的房子让给了新来的技术员，自己仍然住在油毛毡棚里。

几年后，时任云南省副省长的黄炳生到大亮山林场视察，问杨善洲：“您住哪里？”杨善洲指了指补了又补的油毛毡棚。回去不久，省里拨付专款40万元给大亮山林场建住宿办公楼。林场住宿办公楼建成后，安排给杨善洲一间。可杨善洲又和上次一样，把自己的房间让给了别人。

住了九年的窝棚

曾任林场场长的蒋从德告诉记者：“那时的大亮山雨水多湿度大，衣服洗了根本干不了，必须用火烤。时间长了衣服上都是火烟味，熟人都戏称我们为‘火烟老鸹’。衣服通常不是穿烂，而是被糟烂。当时我就住在他的隔壁，油毛毡棚里光线不好，白天都要点火把照明，一刮风下霜下雨，人在窝棚里就被淋湿，老书记还因此得了风湿痛和关节炎。”直到1997年，大亮山上的住宿条件全部改善，杨善洲才最后一个从油毛毡棚里搬了出来。

在大亮山林场用的火塘与中药罐

施甸县原政协副主席计盈回忆说，不仅是退休后，就是在职期间，杨善洲也一直对住房很不讲究：“老书记是一个吃苦在前、享受在后的带头人，这一点从他的住处就能看得出来。他担任施甸县委书记期间，一直住着一间老式土木结构的瓦房，房间一半是办公室，一半是卧室。由于年久失修，有的柱根已近糟朽，陈旧的墙面斑痕点点，地面的小四方砖，每到雨季就返潮，窗户也裂了缝。就在这个冬天刮风、夏天漏雨的小屋里，他一住就是四年。工作人员多次提出要给他修修房，他却说：‘人嘛，有个窝住就行了。’”

在许多人眼里，杨善洲是个不讲究吃穿住行的“傻子”。可杨善洲却说：“有人说我是自讨苦吃，其实你们不知道我有多快乐。白天造林、晚上烤火，这也是一种很好的生活方式嘛！”“如果说共产党人有职业病，这个病就是‘自讨苦吃’！”

32 谁也不能破例

关于杨善洲的二孙子杨福李交300元罚款的故事，一直在保山广为流传。杨善洲当初上大亮山植树造林，广泛动员了家人，他的二孙子杨福李也跟着老人上了山，还和林场签下了承包茶地五年的合同。年轻人哪里耐得住荒山野岭的寂寞？干了三年，听乡里的同伴说，到越南老街去打工挣得多，杨福李就想出国去闯荡闯荡，不在林场干了。按照合同规定，如果违约，得交300元的罚款。杨福李当时穷得根本拿不出钱来，就想不交。

杨善洲听说后，对孙子说："既然不干了就要按照合同规定交罚款，如果你暂时没钱，先给林场打个欠条，我用工资给你垫，等你有钱了再还我。"杨福李一听爷爷不肯为他网开一面，就赌气借钱交了罚款。

杨福李虽然因为爷爷不帮他说情，给林场交了300元罚款而怨恨过爷爷，可他心里却很清楚，爷爷其实是很爱他的。他指了指停在家门口的农用车跟采访的记者说："这是爷爷去世前买给我的，以前，他也很少给我们钱，但时不时会送我一些猪种、羊羔、树种什么的。他总是嘱咐我，要靠自己的劳动挣钱，这钱才用得踏实。"

做事要讲原则，谁也不能破例，这是杨善洲一贯的作风。有一年，杨善洲的小姨子张银珍家因盖房子需要木料，就去找杨善洲。杨善洲说："你要砍木料，先得申请砍伐证。证批下来了才能砍，批不下来就不能砍。"张银珍只好自己去办了砍伐证。

在林场的办公室兼宿舍里

在实际砍伐时，为了多砍好树，她家人没有完全在砍伐证批准的地点砍伐，结果被罚款1500元。家里人想让张银珍去找杨善洲说情，张银珍回答："不用找了，他上次就说过要批下证来才能砍。现在我们不按规定地点砍，姐夫肯定不会帮我们的，还是老老实实交罚款吧！"

33 “小葫芦”终于亮了

施甸县旧城乡芭蕉林村委会大地山小组一位村民至今对“小葫芦”的故事记忆犹新：

那是1990年五六月间的一个阴天，我看到街上一家商店有个小葫芦一样的东西明晃晃的，店里的东西都看得很清楚，就过去问店主这是什么东西？他告诉我，这个小葫芦叫灯泡。我这才知道原来这就是灯泡。以前我听人说过，现在有个叫灯泡的东西会亮，比煤油灯不知道强了多少倍，那天终于见到了！我决定买一个回去。在店主指点下，我找到供销社，花三毛钱买了个“小葫芦”，兴冲冲地回了家。到家时，天已经黑了，我顾不上吃饭，让妻子赶紧找来麻绳，把灯泡挂在了堂屋，期待着奇迹的出现。

芭蕉林村通了电

可我们仰着脖子看了很久，小葫芦却始终没亮起来。我很纳闷，第二天上大亮山种树时，就把这事告诉了杨善洲老书记，他告诉我，那东西叫电灯泡，要通电才会亮。

我们芭蕉林是大亮山附近旧城乡原始落后的高寒

亲自测量，修路引水

山区，祖祖辈辈照明都靠松明子和煤油。1992年，老书记向省上争取到资金后，大亮山林场开始架电。他请来电力公司的技术人员勘测好线路后，就领着职工自己架电，工人不够，就发动周围老百姓出工出力。光芭蕉林当时就出动劳力90多人，架设了15公里的照明线路。老书记把节省出来的资金帮助芭蕉林和周围村社通了电。通电的日子我一直记得很清楚：1992年7月2日，那一天，我们整个寨子都被明晃晃的灯泡照亮了，村民们高兴得睡不着觉。那天晚上，林场到处都是欢乐的笑声，大地山更是一片欢乐的海洋，村民们笑呀、跳呀，感谢杨善洲老书记给我们送来了光明。

34 独特的风景

杨善洲爱树种树几乎到了痴迷的地步。无论什么时候，他都会想着“种树”两个字。

1990年12月的一天，杨善洲带着大亮山林场的自学洪、蒋从德在黄泥沟挖公路。他们只顾埋头干活，直到天黑才收工。

天上没有月亮，走的又是山路，坎坷不平，且路下方是陡坡，跌跌撞撞的很危险。“我们这样摸黑走路，得有根拄棍才行。”自学洪提议。杨善洲想了想说，找根干树枝吧。可天黑坡陡，哪能找到干树枝！最后他们只好砍下路边一棵柳树的一个枝丫，削成三根拐杖，各人手拄一根，深一脚浅一脚地往林场场部走。

和工人一起种树

终于平安地来到林场场站的水塘边了，大家很高兴。可这时，杨善洲停住了脚步。他像孩子一样有些调皮地对两位同事说：“我们来搞个比赛好不好？”两位同事不知他葫芦里卖的什么药，便说：“好啊。”“柳树很容易成活，我

示范嫁接

们就把手中的拐杖插在这水塘边吧，看看谁的拐杖能成活。”杨善洲说。自学洪和蒋从德笑着表示赞同。

三人都很认真地把柳枝拐杖插在水塘边。一段时间后，三棵“拐杖”都发出了新叶。如今，它们都已长成大柳树，成为场站边一道独特的风景。

在大亮山林场的油毛毡棚前，还屹立着棵形状有点奇特的雪松，它和普通的雪松不太一样，不是垂直耸立，而是在恰当的位置被拧成了婀娜的身姿，给人感觉有点像被人塑过型的盆景。

“对，那就是盆景！”林场老场长自学洪的话揭开了谜底。原来，当年刚上大亮山的时候，需要大面积造林，苗木紧缺。为此，杨善洲不仅经常穿梭于有苗木的县市去购买，而且把他在保山地委宿舍栽种的雪松、玉兰、白梅等盆景也搬到了山上。如今，这些盆景也都已经成为十多米高的大树，只有那独特的造型还在提醒着人们杨善洲的口头禅：“共产党员不要躲在机关里做盆景，要到人民群众中去当雪松。”

35 不惜代价抢救职工

退休后的杨善洲在大亮山建林场，历尽艰辛。1999年11月，杨善洲在给树木修枝时，踩着青苔，不幸滑倒，左腿摔成粉碎性骨折。半年后，杨善洲刚刚出院，就又回到了他热爱的大亮山，只是手里比以前多了一根拐杖。

虽然杨善洲对自己十分苛刻，但他却时刻把职工的冷暖放在心上，对他们关怀备至……

1997年，林场有个叫朱家兴的职工得了肝硬化，大量腹水，生命垂危。朱家兴一家子都在农村，生活不富裕，拿不出那么多钱来医治，家人只好边哭边为他准备后事。

杨善洲得知这一情况后，连夜赶到县医院找到主治医生，不容争辩地说：“我们这个工人够苦了，没享过一天的福，你们要不惜一切代价全力抢救。”

医生无奈地说：“我们这里条件有限，必须转到保山市人民医院去治。”朱家兴的家属哭着说：“转院需要很大一笔钱，我们连付县医院的钱也没有呀！”

杨善洲用坚定的语气对家属们说："没有钱也要转！钱是人找的，只要有人在，还怕找不来钱吗？我和你们一起去保山。"

杨善洲一直护送朱家兴转院到保山市人民医院。他亲自找到医院的主治医生，说："这是我们林场的职工，只要有一口气，你们都要尽力抢救。"

医生告诉他，可以考虑用进口的特效药，只是药费太高，至少要三四万元。

杨善洲立即拨通了保山市烟草公司经理的电话，说："我们林场有一个职工生病住院，现在要交一笔医药费，能不能先借给我一点急用。"

经理答应了。杨善洲让自己的三女儿和女婿打了借条，到这家公司借了三万元现金交到医院。

第二天，医院调来了特效药用于抢救朱家兴，他的命终于保住了。杨善洲去医院探望朱家兴时，这位工人紧紧抓住杨善洲的手，激动地说："老书记，是你救了我的命啊！"

2002年5月31日下午4时，林场职工赵虎骑摩托车从姚关赶回林场途中，不幸摔伤。二十多分钟后，杨善洲就神色焦虑地出现在卫生院。

医护人员告诉他，赵虎颅脑损伤严重，这里医疗条件有限，要保住赵虎的生命，得赶紧送到保山去抢救。

杨善洲抓起电话就拨通了保山市人民医院120急救电话，对方却担心路途远，当事人承担不了路费，反复说要

九百块钱路费。杨善洲发火了："不要说九百块，就是九千块，你们都要来，这是救我场职工的命。我杨善洲付得起这九百块钱，不会赖你们的账！"

第二天凌晨1点多钟，赵虎终于被接到了保山市人民医院。杨善洲一直在急救室外面的椅子上焦急等待，其间医生出来几次劝他回去休息："您老年纪大了，这里凉，万一有个三长两短，我们还得抢救您。"

杨善洲不肯走："不用担心我，我身板硬实着呢。"直到赵虎转危为安，他才放心地返回林场。

和老职工谈心

36 376元路费

1994年，杨善洲的小女儿杨惠琴即将分娩，小女婿杨江勇对杨善洲说：“爸爸，老三快生娃了，有点紧张，妈说要来看看，你看是不是请林场的车子去接一下？”

杨善洲说：“行，你和驾驶员去接。”

杨江勇和驾驶员开车去把杨善洲的妻子张玉珍接到了保山。人刚一进门，杨善洲就拿出376元钱，交给驾驶员：“这是跑这一趟的油费、过路费，拿回去，交到财务上。”

驾驶员不接，把双手插在裤袋里：“开一趟也花不了这么多钱啊！”

杨善洲严肃地说：“你从林场开车过来，一会还要回林场，这些路程都得算上。我算过了，得要376元钱。这一趟车是私用，就得出钱，拿着！”

回忆起此事，杨江勇说：“发生在父亲身上类似的事情太多了，这些在常人看来无法理解的事，早已经是他的行为准则了。跟他在一起的时间长了，我们见怪不怪，并且在潜移默化中，已经从心底里接受和学习了。”

37 贫穷的“富翁”

杨善洲发财了！

人们给杨善洲算了笔账：整个大亮山林场约有1120万棵树，按每株30元的最低价算，总价值也有3亿多元！“这下子你可成了‘施甸第一富翁’了！”有人和他开玩笑。

可杨善洲却作出了一个惊人的决定：2009年4月，他把大亮山林场经营管理权无偿移交给了施甸县林业局。移交林场时，他不沾林场一点好处，不带走一根草。县委决定奖励他10万元，他当场回绝：“造林不是为自己，是为群众，我一分也不要！”

刚上山造林的时候，有人认为杨善洲去大亮山是为了捞大钱。杨善洲用实际行动澄清了流言。他的这个举动，很多人都不理解。当时有记者问杨善洲：“金融部门对大亮山林场的活立木估价有3亿多元，这么大一笔财富您就无偿移交给政府了？”

杨善洲回答：“千万不要把这么一大笔财富归到我一个人头上，它从一开始就是国家和群众的，我只是代表他们在植树造林。实在干不动了，我只好物归原主。”

“您办林场期间应该从上级部门争取到不少资金扶持，有不少提成吧？”记者追问。

老人坦然地说：“办林场期间我一共争取上级有关部门资助300万元。按当时的规定，引进资金可以提取5%到10%，可以得到30万元，买幢房子不成问题。但我没有要，为什么？我认为共产党员拿着工资是为人民服务的，去上面要钱、到外面引资金，是自己工作范围内的事。再说，要来的钱、引进的资金，那是国家的钱、别人的钱，人家给你是让你造林用的，你咋好意思去提成、挪用到自己身上？”

当记者问杨善洲：“您这样做，到底图什么呀？”杨善洲回答说：“我图什么，我就图老百姓说没有白给我公粮吃就得了嘛。”

大亮山林场现改名为善洲林场

38 儿子是母亲最好的“药”

“思老母不由儿肝肠痛断；想老娘不由人珠泪不干。”正如京剧《四郎探母》所唱的那样，杨善洲虽然没日没夜地操心工作，但是心底深藏着对母亲的牵挂。

夜渐渐深了，杨善洲的小车在黑暗中疾驶，下乡忙了一天，他终于回到地委宿舍。推开房门，打开电灯。这是一间17平方米的单身宿舍，室内置有一张板床、一张桌子和几把凳子，外加一台收音机，这就是地委书记杨善洲的家当。

杨善洲从包里取出一封信：“爸爸，您今年已经好长好长时间没回来了，奶奶近日病重……”他的心一下子揪了起来，好疼！

第二天一早，杨善洲安排好工作，匆匆忙忙赶到保山汽车客运站。售票员对这个特殊旅客有些熟悉了，过意不去地说：“书记又来挤车了！瞧，只剩最后一排的位子了！”杨善洲毫无怨言，他付了钱接过车票匆匆上了车。杨善洲在工作岗位上的三十多年里，回施甸老家探亲从未坐过公家的车子。

下车后，杨善洲脚蹬解放鞋，踏上了山间小路。他走得飞快，心里盼着早点见到母亲。翻过一道山梁，远远地就看见家了。

杨善洲轻轻地走到母亲的病榻前，端上一碗熬好的中药说：“妈，我回来了。”老人呜咽着，紧紧拉着儿子的手。见到儿子，对母亲来说就是治病最好的“药”。望着母亲满头的白发，杨善洲的心一阵颤抖。自从父亲因病去世后，母亲就艰难地拉扯着他在苦水中苦熬。解放了，母亲多么想把儿子留在身边一起过日子呀。可是，三十多年来，杨善洲成天忙于工作，很少回家，一年半载回去一次，在家的时间最长也不过三天，他对老人说：“娘，不是儿子心肠硬，只因您儿子是人民的干部。”

与母亲的合影

第二天一大早，杨善洲沿着家门前的小路返回了，他放不下那个大“家”啊！

岁月不饶人，母亲一天天老去。为了方便日夜照顾老人，杨善洲的妻子张玉珍与母亲同住一间房。母亲经常在人前说：“这不是我的儿媳妇，是我的亲姑娘。”由于妻子贤惠孝顺，杨善洲能够更好地安心工作。

1990年，母亲89岁了。一天早上，她起床后到屋外走了走，回来就发高烧。没想到，草药不管用，张玉珍非常害怕，请人打电话催杨善洲回家。这一次确实不同寻常，母亲一病就是九天，杨善洲尽心尽力地在床前守了九天。第九天，老人似乎好多了，她说要坐起来，杨善洲把母亲扶起让她靠在自己胸前。后来，老人就这样在儿子怀中安详地去了。

是啊！杨善洲这个秉性忠厚质朴的山里人，何曾没有一腔儿女之情？他深爱着家人，但是，作为共产党员，他选择了把更多的爱奉献给国家和人民。这一辈子，他带着他的家人共同怀有一种胸怀，一种“先天下之忧而忧，后天下之乐而乐”的胸怀。

39 这辈子最对不起的是老伴

2010年8月的一天晚上，杨善洲把三女婿杨江勇叫到跟前说："江勇，爸爸给你说，这个折子里面有4万块钱，保山市政府奖励了我20万元，我本来是不要的，后来他们劝说，我接下了。但我把其中的10万元给了保山一中，3万元给林场建瞭望哨，3万元给大亮山下的老百姓修建澡堂，就剩下这4万元，留给你们的妈妈。"

与保山一中贫困学子合影

杨善洲把他一生中存折里最多的一笔钱留给了妻子，一个一辈子含辛茹苦、给他撑起整个家、没享过他一天福的老伴张玉珍。

六十多年来，张玉珍一直过着普通农妇的生活。无论外面的世界如何变化，无论丈夫的官位多高，她一个人默默坚守着一间破旧的茅屋，守护着一家老小。风里来雨里去，再苦再难，不离不弃，硬撑着把三个女儿抚养成人，为婆婆养老送终。

在一封写于1970年8月5日的家信中，张玉珍埋怨杨善

洲："你已经离家二十多年，走的时候小菊还没有出世，是我东一嘴西一嘴把她养大成人并结婚生子，你也不管不问。二十多年来，我领着孩子们没有说过错话，没有干过坏事，更没有给你增加过负担，上次你路过村口，为什么也不回家来看看？"

与妻子张玉珍的合影

张玉珍有太多的理由诉说自己的委屈。1950年，22岁的她做了23岁的民兵队长杨善洲的新娘。婚礼没有鼓乐，没有彩礼，没有酒席，没有新衣服，甚至连父母都不在场。大女儿出生在稻草上，杨善洲不在身边，只有自己忍受着；杨善洲当了地委书记，她还为了一家老小的生计，上山采摘野果卖钱，日子再苦只得自己撑着……

"我父亲很少回家，可母亲两次生病住院，父亲都一直陪在身边。这仅有的两次，是在父亲退休之后到大亮山种树期间。"杨善洲的大女儿杨惠菊说。

1996年张玉珍因胆结石住院16天，2005年因肺气肿住院13天，两次住院，杨善洲都一直守在身边。这是她一生中最幸福的时刻。

2010年8月的一天，杨善洲病重住院期间，老伴张玉珍到医院来探望。这一次，张玉珍在医院守候了杨善洲三天。

“江勇，你要把你爸给我好好地带回来。”离开医院，张玉珍老人上车的时候拉着女婿杨江勇的手说。

老伴走后，杨善洲意识到自己时日不多，反复跟女儿们念叨：“我这辈子最对不起的人是你们的母亲，她这一辈子不容易，你们要照顾好妈妈，让她安享晚年。”弥留之际，他挣扎着向女儿们作了最后的交代：“我之前的遗愿是把骨灰撒在大亮山和清平洞，现在我要改变一下决定，分出一份埋葬在老家的后山上，将来与你们的妈妈永远相守。”

40 最后的感动

秋天，天格外高，格外湛蓝。秋天里，落叶飞舞，回报大地。

2010年8月20日，杨善洲住进了保山市人民医院，这是他一年中第三次住院了。4月住过一次，病情一有好转，他就嚷着出院。7月，病症再现，杨善洲住进医院检查，没有查出大毛病，他立马出院回家。可是，这一次要住多久，医生不知道，家属不知道，杨善洲自己也不知道。

杨善洲生病的消息传开，前来看望的人络绎不绝，有中央至地方的各级领导，有慕名而来的当地群众，也有素不相识的人。

保山市一位姓张的老板专程从外地赶到医院去看望。张老板和杨善洲素不相识，却慕名已久。十多岁的时候，他就从大人们口中听说了这个"大官"经常和老百姓一起下地干活、处处为百姓着想的故事。后来，又听说了这个"大官"退休后不享清福，却上荒山去办林场种树，22年后又无偿将价值几亿的林场给了政府。

这位老板对杨善洲仰慕的同时也有困惑："人这一生辛辛苦苦打拼到底是为了什么？"他要向杨善洲寻找答案。

中秋节那天，四五十名农民群众自发来到医院，带着土特产和月饼看望杨善洲，祝他早日康复。

中秋节之后的一天清晨，一位满头白发的老奶奶拄着拐杖走进了医院。老奶奶不紧不慢地走着，边走边向病房里张望。一位年轻人迎了上去，问：“老人家，您找谁？病人住在几号病房？”

老奶奶摇摇头，说：“我不知道他住几号病房，只知道他的名字叫杨善洲，听说他病了，我来看看他。”

年轻人一听，马上说：“老奶奶，您找对了，就住在这间病房。您请进来吧。”说着，伸手扶着老人走进了病房，然后挪了一下病房里的椅子，说：“您坐。”

老奶奶在病床边坐下，静静地看着躺卧在病床上的人。

杨善洲的三女婿杨江勇俯下身，对躺卧的杨善洲说：“爸，有人看您来了。”

杨善洲从半睡半醒中睁开眼，看着床侧的老人，心里有些茫然。这个人是谁呀？好像在哪见过，又好像从来没有见过。

坐在一边的老奶奶开口了：“有多少年了，你到潞江坝，到了我们村。你给大家讲话，大家听得很高兴，说你讲得好。我就站在人群里，你不知道我，我们都记得你呢。”

杨善洲仍然想不起来。

潞江坝在怒江边，是保山面积最大的一块坝区，从上到下有三十多公里长，解放前是令人生畏的瘴疠之乡。

从20世纪50年代开始，地方政府有组织地向潞江坝移民，国家又创办了国营农场，有很多人从四面八方迁来。土地开垦出来了，潞江坝才有了生机。潞江坝有多少个村子，自己去过其中的若干村子，在村里和干部群众讲过多少次话，杨善洲实在想不起在哪个村子见过她。

杨善洲放弃了回想，吃力地笑笑。

老奶奶说："老书记，你是个好人，是个大好人。今天我来，是想告诉你，我们村里许多和我一样年龄的人，都想来看看你。看到你，我们的心安了。"

杨善洲想说什么，没有说出来。

老奶奶继续轻言轻语地说："老书记，好人菩萨会保佑的。我们已经约好了，等我回去，要为你祈祷。我相信，你的病会慢慢好起来的。"

老人自顾说话，没有注意身体虚弱的杨善洲已进入了半睡半醒状态。

看着神志不清的杨善洲，老奶奶没有再说话，坐在椅子上，静静地看着，眼泪悄悄流了出来。

"这哪里像一个大官，分明就是我们的爷爷，自己病了要人照顾，还想着我们这些值班的护士，多次让他的家人分东西给我们吃。"保山市第一人民医院的护士王成梅说。

"老书记住院的时候，我们都管他叫'爷爷'。他就像爷爷一样慈祥，凡事都先为我们着想。"保山市人民医院呼吸科护士李毓奕说，"他刚来住院的时候，本来可以住高干病房；可他就直接住进了普通病房。住院时，癌细胞已经扩散了，可他从来不大声呻吟，实在疼得受不了了，就叫我们给他打一针止疼针，还会抱歉地说‘麻烦了’。半夜家属给他熬粥，他每次都说先分给我们护士吃一点，拿毛毯要我们盖在腿上，别人送来的水果也都留一份给我们。”

进入深秋，杨善洲的声音越来越沙哑，最后只听到他反反复复地念叨：“还有好多想做的事情……”

2010年10月10日，一位可亲可敬、大爱无疆的老人因病与世长辞。

我死后，不接礼、不待客、不浪费、不铺张，悄悄地来，悄悄地走。

这就是杨善洲的最后遗言。

附录

中共中央组织部
关于追授杨善洲同志“全国优秀共产党员”称号的决定

（2011年3月7日·中组发〔2011〕8号）

杨善洲，男，汉族，云南施甸人，1927年1月生，1951年5月参加工作，1952年11月加入中国共产党，曾任施甸区、县主要领导，保山地委副书记、书记，1988年退休，2010年10月10日因病逝世。

杨善洲同志是党员干部的学习楷模，是离退休老同志的优秀代表。他六十年坚守共产党人的精神家园，一辈子忠于党的事业，一辈子全心全意为群众谋利益，艰苦创业、廉洁奉公，鞠躬尽瘁、死而后已。在职期间，他坚定不移地贯彻执行党的路线方针和政策，带领干部群众发展粮食生产、推广科学种田、开展多种经营、兴修水利设施，为改变贫穷落后面貌、让老百姓过上好日子不懈奋斗，把深山大沟建成了全国闻名的“滇西粮仓”。退休之后，他主动放弃进省城安享晚年的机会，带领群众历尽艰辛义务植树造林20多年，建成了约5.6万亩的大亮山林场，使昔日的荒山变成了绿洲。2009年4月，他将价值超过3亿元的大亮山林场经营管理权无偿交给国家。他对群众满怀深情，经常拿自己的工资接济困难群众，为他们买粮食、购种子、送衣被；而对自己和家人却始终严格要求，从没利用手中的权力为亲属办过一件私事。他的模范事迹和崇高精神，生动诠释了当代中国共产党人的先进和优秀，为党员干部特别是领导干部为政、干事、做人树立了一面光辉的旗帜。

最近，胡锦涛总书记等中央领导同志作出重要指示，要求深入学习宣传杨善洲同志的模范事迹和崇高精神。为激励各级党组织和广大党员、干部坚定信念、牢记宗旨，无私奉献、创先争优，在改革开放和社会主义现代化建设各项事业中充分发挥战斗堡垒作用、先锋模范作用和骨干带头作用，经中央领导同志同意，中央组织部决定，追授杨善洲同志“全国优秀共产党员”称号。

中央组织部号召广大党员干部特别是领导干部都要向杨善洲同志学习，学习他坚定信念、对党忠诚的政治品格，坚定不移走中国特色社会主义道路，让共产党人的理想信念在心灵深处牢牢扎根；学习他牢记宗旨、一心为民的公仆情怀，一心想着群众、一切为了群众，诚心诚意为群众谋利益；学习他鞠躬尽瘁、不懈奋斗的崇高境界，奋发有为、干事创业，为推动科学发展、促进社会和谐增光添彩；学习他大公无私、淡泊名利的奉献精神，艰苦奋斗、清正廉洁，自觉实践共产党人的人生价值和精神追求。

各级党组织要把学习杨善洲同志模范事迹作为创先争优活动的重要内容，与学习贯彻党的十七届五中全会精神和全国“两会”精神结合起来，与迎接和纪念建党90周年结合起来，与加强对党员干部群众观念、群众路线教育结合起来，引导广大党员、干部特别是领导干部自觉加强党性修养，自觉实践党的宗旨，努力做人民满意的好党员、好干部。各级党组织和广大党员、干部要更加紧密地团结在以胡锦涛同志为总书记的党中央周围，以邓小平理论和“三个代表”重要思想为指导，深入贯彻落实科学发展观，锐意进取、扎实工作，以更加优异的成绩迎接建党90周年，为实现“十二五”宏伟目标、全面建设小康社会而奋斗！

后 记

为配合在广大党员、干部中广泛开展向杨善洲同志学习活动，在中央领导同志的直接关心下，中央创先争优活动领导小组办公室组织有关单位编写了本书。

云南作为杨善洲先进典型的所在地，云南省委组织部、云南省委创先争优活动领导小组办公室收集了大量鲜活、真实的第一手文字、影像资料。编写组以此为基础，深入挖掘、补充整理，形成了这本《杨善洲的故事》。

中央宣传部新闻局对本书的编写给予了具体指导。云南省委党的生活杂志社李维具体组织了部分故事的搜集整理，人民日报社记者姜洁参与了书稿的编写工作，报告文学作家李春雷对书稿修改提出了意见，党建读物出版社与人民出版社组织和参与了本书的编写工作。在这里，向为本书编写出版给予大力支持的单位和同志表示衷心感谢。

由于时间和水平所限，书中难免有疏漏之处，请读者指正。

编者

2011年3月

图书在版编目(CIP)数据

杨善洲的故事／中央创先争优活动领导小组办公室组织编写．—北京：党建读物出版社：人民出版社，2011.4

ISBN 978-7-5099-0216-5

Ⅰ．①杨… Ⅱ．①中… Ⅲ．①纪实文学—中国—当代②杨善洲(1927～2010)—生平事迹 Ⅳ．①I25②D263

中国版本图书馆 CIP 数据核字(2011)第 046276 号

杨善洲的故事

YANG SHANZHOU DE GUSHI

中央创先争优活动领导小组办公室 组织编写

责任编辑:朱玲 李惠 **责任校对**:钱玲娣 **装帧设计**:盛世华光

党建读物出版社
人民出版社 出版发行

(北京市西城区南横东街6号 邮编:100052 电话:010-58587631／7681)

保定市中画美凯印刷有限公司印刷

850毫米×1168毫米 32开本 3印张 56千字

2011年4月第1版 2011年4月第1次印刷

印数:1-31000

ISBN 978-7-5099-0216-5 定价:10.00元